AF101166

This Notebook Belongs To

____

Copyright © 2019 RWG

All rights reserved.

www.ingramcontent.com/pod-product-compliance
Lightning Source LLC
LaVergne TN
LVHW060210080526
838202LV00052B/4230
* 9 7 8 6 6 9 6 0 8 9 5 1 2 *